Osnabrück

Ein Porträt – A Portrait – Un Portrait – Een Portret

Torsten Krüger (Fotos)
Oliver Falkenberg und Linda Sundmaeker (Text)

Mit 62 Abbildungen

Edition Temmen

Die Deutsche Bibliothek verzeichnet diese Publikation in der Deutschen Nationalbibliografie; detaillierte bibliografische Daten sind im Internet unter http://dnb.ddb.de abrufbar.

Danksagung:
Für freundliche Unterstützung und tatkäftige Hilfe bedanken sich der Verlag und die Autoren bei Angelika Hoffstädt (Tourismusverband Osnabrücker Land e.V.), Susanne Stockreiter und Ulf Teepe (Osnabrück Marketing und Tourismus GmbH), Sven Jürgensen, Monika Nestmann und Heiko Mitlewski (Presse- und Informationsamt der Stadt Osnabrück), Hermann Queckenstedt und Heriburga Reher (Diözesanmuseum Osnabrück), Heidrun Derks, Hilde Gatzweiler und Gisela Söger (Varusschlacht im Osnabrücker Land Museum und Park Kalkriese), Diana Hoge (Zoo Osnabrück), Thomas Schneider (Erich Maria Remarque-Friedenszentrum), Sonja Zirkler (Theater Osnabrück) sowie Hilde Siemer.

Bildnachweis:
Bistumsarchiv Osnabrück: 18 unten, 19; Osnabrück Marketing und Tourismus GmbH: 22, 33, 34, 55, (Detlef Heese); Presse- und Informationsamt der Stadt Osnabrück: 1, 42, 51; Werner Scharnweber: 7, 16, 17, 18 links, 30, 31, 48; Tourismusverband Osnabrücker Land e.V.: 50, 56/57; Varusschlacht im Osnabrücker Land Museum und Park Kalkriese: 58 unten rechts (Heinz Hoppe), 58 oben, unten links (Christoph Püschner), 59 (Heidrun Derks); Zoo Osnabrück: 52, 53

Alle übrigen Abbildungen: Torsten Krüger

Übersetzungen:
Hildegard & David Skevington (Englisch)
Elisabeth Dumontier (Französisch)
Maico Tijink (Niederländisch)

1. Auflage 2008

Hohenlohestr. 21 – 28209 Bremen
Tel. 0421-34843-0 – Fax 0421-348094
info@edition-temmen.de – www.edition-temmen.de

Gesamtherstellung: Edition Temmen
ISBN 978-3-86108-966-7

Osnabrück

Ein Porträt

Als im Herbst des Jahres 9 n. Chr. die römischen Legionen des Publius Quintilius Varus von dem Cherusker Arminius bei Kalkriese vernichtend geschlagen wurden, gab es das heute ca. 20 Kilometer entfernt liegende Osnabrück noch nicht. Die Keimzelle der Stadt an der Hase wurde um 780 auf Geheiß Karls des Großen als Missionsstation des Bistums Lüttich zur Christianisierung der Sachsen gegründet. Strategisch wohlüberlegt wählte man einen Knotenpunkt alter Handelsstraßen, die bis heute ihre Bedeutung nicht verloren haben.

1404 wurde die Legge gegründet, eine Art Börse und Prüfstelle für Leinen, das die Bauern aus der Umgebung in die Stadt brachten. Noch heute ziert das sechsspeichige Rad, die Beschaumarke der Legge, das Stadtwappen. Von 1412 bis 1669 war Osnabrück Mitglied der Hanse, was das wirtschaftliche Wachstum der Stadt enorm belebte. Bei der Auflösung des Hansebundes (1669) gehörte Osnabrück zu den letzten neun verbliebenen Städten.

Das wichtigste Ereignis in der Stadtgeschichte ist der Friedensschluss, der den Dreißigjährigen Krieg (1618–48) be-

A Portrait

When the Roman legions led by Publius Quintilius Varus were decisively defeated by Arminius, a chief of the Cherusci, near Kalkriese in the autumn of 9 AD, Osnabrück, which today lies about 20 km away, did not then exist. The origins of the town on the River Hase can be traced back to around the year 780, when a mission station of the Bishopric of Liège was founded at the behest of Charlemagne for the Christianisation of the Saxons. It was strategically well chosen at the intersection of established trading routes which are still of importance today.

In 1404 the "Legge" was founded. This was an exchange and checkpoint for linen, which farmers from the surrounding areas brought into town. To this day, the six-spoke wheel, the emblem of the Legge, adorns the town's coat of arms. From 1412 until 1669 Osnabrück was a member of the Hanseatic League and this greatly stimulated the town's economic growth. When the Hanseatic League was dissolved in 1669, Osnabrück was one of its nine last remaining towns.

The most important event in the town's history is undoubtedly the

Un Portrait

A l'automne de l'an 9 après J.C., quand les légions romaines de Publius Quintilius Varus furent écrasées à Kalkriese par le Chérusque Arminius, Osnabrück, située aujourd'hui à environ 20 km, n'existait pas encore. Ce qui allait devenir une ville sur la Hase fut fondé vers 780 sur l'ordre de Charlemagne, comme siège de la mission de christianisation de la Saxe par l'évêché de Liège – Un choix stratégiquement bien pensé au point de jonction d'anciennes routes commerciales, qui n'ont depuis lors rien perdu de leur importance.

En 1404 on créa la « Legge », une sorte de bourse et bureau de contrôle de la toile, que les paysans des environs apportaient en ville. Aujourd'hui encore la roue à six rayons, poinçon de la Legge, orne les armes de la ville. Osnabrück fut de 1412 à 1669 membre de la Hanse, ce qui stimula énormément sa croissance économique.

A la dissolution de la ligue hanséatique en 1669, Osnabrück était l'une des neuf villes qui restaient encore.

L'évènement le plus important de l'histoire de la ville est la conclusion de la paix qui

Een Portret

Toen in het najaar van 9 n. Chr. de Romeinse legioenen oder leiding van Publius Quintilius Varus bij Kalkriese door de Germanen oder aanvoering van Arminius, koning van de stam der Cherusken, verpletterend verslagen werden, bestond het tegenwoordig op een afstand van 20 kilometer liggende Osnabrück nog niet.

De geschiedenis van Osnabrück begint rond 780, toen Karel de Grote aan de oever van de Hase een missiepost stichtte, waar vanuit, in opdracht van het bisdom Luik, de kerstening van de Saksen bedreven werd.

Anno 1404 werd de "Legge", een beurs waar de boeren uit de omgeving hun linnen doeken konden laten keuren en verkopen, opgericht.

Een rad met zes spaken, het kenmerk van de "Legge", siert nog steeds het stadswapen van Osnabrück.

Van 1412 tot 1669 was Osnabrück lid van de Hanze, hetgeen bijdroeg tot een bloeiende welvaart. Bij de opheffing van de Hanze (1669) behoorde Osnabrück tot de negen overgebleven steden.

De belangrijkste gebeurtenis in de stadsgeschiedenis is het vre-

endete. Der Westfälische Friede, der in den Rathäusern von Münster und Osnabrück ausgehandelt wurde, bestimmt noch heute das Selbstverständnis der Stadt. Zur Erinnerung ziert eine Friedenstaube die Klinke an der Tür des Osnabrücker Rathauses. Der von Fritz Szalinski entworfene Türgriff symbolisiert den Leitgedanken, dem sich die Stadt verschrieben hat: die Friedenskultur.

Friedensstadt Osnabrück

Nicht nur in Erinnerung an den Westfälischen Frieden nennt sich Osnabrück Friedensstadt. Die Osnabrücker Friedenskultur findet ihren Ausdruck in zahlreichen Veranstaltungen und Institutionen, die weit über die Stadtgrenzen hinaus beachtet werden.

Zum Beispiel findet jährlich am 25. Oktober, dem Jahrestag des Westfälischen Friedens, das traditionsreiche Steckenpferdreiten statt. Viertklässler reiten dann auf selbstgebastelten Steckenpferden vor das Osnabrücker Rathaus, um vom Oberbürgermeister Brezeln zu empfangen. Sie erinnern an die 1648 vom Osnabrücker Rathaus in alle Landesteile getragene Friedensbotschaft.

Warum Brezeln? Mit dem Westfälischen Frieden waren die Verhandlungen zur Beendigung

peace agreement which ended the Thirty Years' War (1618–48). The Peace of Westphalia negotiated in the town halls of Münster and Osnabrück has always been associated with this town. In memory of this accord, a peace dove adorns the door handle of Osnabrück town hall. It was designed by Fritz Szalinski and symbolises the theme to which the city has dedicated itself: the culture of peace.

Osnabrück – City of Peace

Not only the memory of the Peace of Westphalia leads Osnabrück to call itself the City of Peace. Osnabrück's peace culture finds expression in numerous events and institutions known well beyond its limits.

Every year on 25 October, the anniversary of the Peace of Westphalia, a race takes place with school pupils from grade four riding to the town hall on hobby-horses, which they themselves have made, to receive pretzels from the mayor. These serve as a reminder of the message of peace taken from Osnabrück town hall in 1648 to all parts of the country.

Why pretzels? The negotiations to end the Thirty Years' War were not concluded with the Peace of Westphalia. In April 1649 further discussions took place in Nuremberg concerning

marqua la fin de la Guerre de Trente Ans (1618–48). Le Traité de Westphalie, négocié dans les hôtels de ville de Münster et Osnabrück, détermine aujourd'hui encore l'image de la ville. En souvenir, une colombe de la paix orne la poignée de porte de l'hôtel de ville d'Osnabrück. Ce bec-de-cane dessiné par Fritz Szalinski symbolise l'idée directrice suivie par la ville : la culture de la paix.

Osnabrück, ville de la paix.

Osnabrück ne porte pas ce nom seulement en souvenir du Traité de Westphalie. La culture de la paix d'Osnabrück s'exprime dans de nombreuses manifestations et institutions, appréciées bien au-delà de la ville. Par exemple chaque année a lieu le traditionnel spectacle de « Steckenpferdreiten » le 25 octobre, jour-anniversaire du Traité de Westphalie. Les enfants de 4ème classe(CM1) se rendent alors devant l'hôtel de ville sur des petits chevaux qu'ils ont eux-mêmes fabriqués, pour y recevoir du maire des bretzels, rappelant ainsi le message de paix porté en 1648 aux quatre coins du pays depuis l'hôtel de ville d'Osnabrück.

Pourquoi des bretzels ? Avec le Traité de Westphalie les négociations pour la cessation de la

desverdrag, dat het einde van de Dertigjarige Oorlog (1618–1648) betekende. De Vrede van Westfalen, in Nederland beter bekend als de Vrede van Münster, waarover zowel in het raadhuis van Münster als in Osnabrück onderhandeld werd, bepaalt heden nog het zelfbewustzijn van de stad.

Ter herinnering aan dit verdrag siert een vredesduif de deurklink van het raadhuis te Osnabrück. Deze door Fritz Szalinski ontworpen deurklink symboliseert de verbondenheid van Osnabrück met de vredesgedachte.

Osnabrück, stad van de vrede

Het predikaat "Stad van de Vrede" wijst niet alleen naar de Vrede van Westfalen, maar staat synoniem voor de verspreiding van de vredesgedachte, die ondersteund door talrijke activiteiten en instituten, tot ver buiten de stadsgrens bekend staat.

Bijvoorbeeld vindt er jaarlijks op 25 oktober, de dag van de Vrede van Westfalen, het traditionele stokpaardrijden plaats. Dan rijden basisschoolkinderen ter herinnering aan de in Osnabrück verkondigde Vrede van 1648 op zelfgemaakte stokpaarden naar het raadhuis en nemen daar van de burge-

FRIEDE 1648

des Dreißigjährigen Krieges noch nicht abgeschlossen. Im April 1649 begannen in Nürnberg neue Gespräche, in denen es um den Abzug der schwedischen Truppen und um Kriegsentschädigungen für Schweden ging.
Als die Verhandlungen 1650 beendet waren, ritten in Nürnberg Kinder mit Steckenpferden zu den Fürsten, um in Gedenken an den geschlossenen Frieden eine Gabe zu erbitten. Sie erhielten Friedenspfennige, die auf einer Seite einen Knaben mit einem Steckenpferd zeigten. Die Brezeln, die heute an die Kinder verteilt werden, sollen an die damals ausgegebenen viereckigen Pfennige erinnern.
Klara und Emmy von Dincklage, emsländische Schriftstellerinnen, haben dieses Ereignis 1875 in ihren »Geschichten für die Jugend« kurzerhand von Nürnberg nach Osnabrück verlegt. Obwohl als Sage erzählt, galt die Geschichte als wahr und bildete den Ursprung dieser seit 1948 gepflegten Tradition.
Eingebunden in die gelebte Friedenskultur ist auch die Erinnerung an die beiden großen Künstler der Stadt: Erich Maria Remarque und Felix Nussbaum. Erich Maria Remarque, der mit seinem Roman »Im Westen nichts Neues« (1929) Weltruhm erlangte, wurde 1898 in Osnabrück geboren. Ihm zu Ehren wurde 1996 das Erich Maria

the withdrawal of Swedish troops and compensation payments for Sweden.
When negotiations were concluded in 1650, children in Nuremberg rode to the Prince Elector on hobby-horses to request a gift in memory of the peace agreement. They received peace pennies showing on one side a boy with a hobby-horse. The pretzels given to the children today are a reminder of the square pennies distributed long ago.
Klara and Emmy von Dincklage, authoresses from the Emsland, without any ado re-located this event from Nuremberg to Osnabrück in their "Stories for Young People" published in 1875. Although it was told as a legend the story was regarded as true and formed the origin of a tradition maintained annually since 1948.
Remembrance of two cultural icons of this city, namely Erich Maria Remarque and Felix Nussbaum, underscores Osnabrück's commitment to the peace culture. Erich Maria Remarque, who achieved world fame with his novel "All Quiet on the Western Front" (1929), was born in Osnabrück in 1898. In his honour, the Erich Maria Remarque Peace Centre was founded in 1996 with the aim of becoming an institute for peace studies and the promotion of peace.

Guerre de Trente Ans n'étaient pas encore achevées. En avril 1649 de nouvelles discussions commencèrent à Nuremberg sur le retrait des troupes suédoises et les indemnités de guerre pour la Suède.
A la fin des négociations en 1650, les enfants de Nuremberg allèrent sur leurs petits « chevaux » solliciter des princes une aumône, pour commémorer la conclusion de la paix. Ils reçurent des « sous de la paix », montrant sur une face un garçon sur son petit « cheval ». Les bretzels distribués aujourd'hui aux enfants sont destinés à rappeler les pièces carrées d'alors.
Les auteurs Klara et Emmy von Dincklage, originaires de l'Emsland, ont en 1875 dans leurs « Histoires pour la jeunesse » transféré sans hésiter cet évènement de Nuremberg à Osnabrück. Bien que racontée comme légende, l'histoire passa pour réelle et fut à l'origine de cette tradition entretenue depuis 1948.
Le souvenir des deux grands artistes de la ville, Erich Maria Remarque et Felix Nussbaum s'intègre également dans la culture de la paix.
Eric Maria Remarque, célèbre dans le monde par son roman « A l'ouest rien de nouveau » (1929), naquit en 1898 à Osnabrück. En son honneur fut fondé en 1996 le Centre de

meester "Brezeln" (pretzel, zoute krakeling) in ontvangst. Waarom "Brezeln"?
Met de Vrede van Westfalen waren de onderhandelingen over het einde van de Dertigjarige Oorlog nog niet beëindigd. In april van het jaar 1649 werden in Neurenberg de onderhandelingen over de terugtocht van de Zweedse troepen en de herstelbetalingen aan Zweden opnieuw opgenomen. Toen deze onderhandelingen in 1650 beeindigd werden, reden kinderen op stokpaardjes naar de vorst om als symbool voor de vrede een gift te verlangen.
Ze kregen vredespennigen, waarop aan één kant een knaap met een stokpaardje afgebeeld was. De "Brezeln", die tegenwoordig aan de kinderen verdeeld worden, herinneren aan de vierhoekige pennigen van toen.
Twee uit het Emsland komende schrijfsters, Klara en Emmy van Dincklage, hebben deze gebeurtenis in het door hun in 1875 gepubliceerde "Verhaaltjes voor de jeugd", van Neurenberg naar Osnabrück verplaatst.
Weliswaar is er hier sprake van een sage, maar inmiddels geldt het verhaal als waar en ontstond zo de sinds 1948 gekoesterde traditie.
Verbonden met de geleefde vredesgedachte is ook de herinnering aan de twee in Osnabrück geboren kunstenaars Erich Maria

Remarque-Friedenszentrum gegründet, das zu einem Institut für kulturelle Friedensforschung und Friedensvermittlung erweitert werden soll.
Im Andenken an den Maler Felix Nussbaum, der 1944 in Auschwitz ermordet wurde, öffnete 1998 das Felix Nussbaum-Haus seine Türen. Es wurde nach einem Entwurf des amerikanischen Architekten Daniel Libeskind errichtet, dem Architekten von »Ground Zero«. Mit 160 Exponaten hat hier die weltweit umfassendste Sammlung von Nussbaums Werken ihr Zuhause.
Bedeutend in der Konzeption der Friedensförderung sind die Osnabrücker Friedensgespräche. International anerkannte Persönlichkeiten aus Wissenschaft, Kultur und Politik sind seit 1986 zu Gast, wenn die Friedensgespräche jährlich zum Osnabrücker Friedenstag am 25. Oktober stattfinden.
Im Oktober 2000 rief die Bundesregierung die Deutsche Stiftung Friedensforschung ins Leben, die ihren Sitz im historischen Ledenhof hat. Die Stiftung fördert Projekte der Friedens- und Konfliktforschung, deren Ergebnisse zu einer Politik der aktiven Friedensgestaltung beitragen sollen.
Nicht alle der zahlreichen Projekte, die Teil der Osnabrücker Friedenskultur sind, können hier genannt werden. Das Afri-

In 1998 the Felix Nussbaum House was opened in memory of the painter Felix Nussbaum, who was murdered in Auschwitz in 1944. It was built after a design by the American "Ground Zero" architect Daniel Libeskind. It houses the world's most extensive collection of Nussbaum's works and 160 exhibits have found a home here.
Of special importance in the concept of peace promotion are the Osnabrück Peace Talks. Since 1986, international personalities from the fields of science, culture and politics are invited to Osnabrück every year for the Peace Talks held on 25 October, the anniversary of the Day of Peace.
In October 2000 the Federal Government founded the "Deutsche Stiftung Friedensforschung", housed in the historic Ledenhof. This peace foundation promotes studies dealing with peace and conflict, and its aim is to contribute to a policy of actively shaping peace.
Not all of the numerous projects forming part of Osnabrück's peace culture can be mentioned here. The Africa Festival, the inter-cultural weeks "inter.kult", and the "Conference of Young People in Europe" which has been held at regular intervals since 1998, are indicative of the peace culture extending far beyond the boundaries of Osnabrück itself.

la Paix Erich Maria remarque, qui doit devenir un Institut de recherche culturelle et de médiation pour la paix.
La Maison Felix Nussbaum a ouvert ses portes en 1998, à la mémoire de ce peintre mort à Auschwitz en 1944. Elle fut construite selon les plans de l'architecte américain Daniel Libeskind, l'architecte de « Ground Zero ». La collection la plus vaste au monde des œuvres de Nussbaum (160) est ici chez elle.
Les Colloques d'Osnabrück sur la Paix sont importants dans le programme de promotion de la paix. Des personnalités internationalement reconnues de la science, la culture et la politique sont invitées chaque année depuis 1986 à ces colloques lors de l'anniversaire du traité de paix d'Osnabrück le 25 octobre.
En octobre 2000 le gouvernement fédéral créa la Fondation Allemande de Recherche pour la Paix, qui a son siège dans l'historique Ledenhof. La Fondation encourage des projets pour le maintien de la paix et le règlement des conflits, dont les résultats doivent contribuer à une politique de construction active de la paix.
On ne peut pas citer ici tous les projets qui participent à la culture de la paix d'Osnabrück. Le Festival Africain, les semaines interculturelles « inter.kult » ou

Remarque en Felix Nussbaum. De in 1898 in Osnabrück geboren Erich Maria Remarque, werd met zijn roman "Van het westelijk front geen nieuws" (1929) wereldberoemd. Als eerbetoon werd in 1996 het Erich Maria Remarque Vredescentrum opgericht, dat in de toekomst een instituut voor cultureel vredesonderzoek en vredesoverleg zal moeten worden.
Als aandenken aan de in 1944 in Auschwitz vermoorde schilder Felix Nussbaum, werd in 1998 het Felix Nussbaumhuis geopend. Het is ontworpen door de gerenommeerde architect Daniel Libeskind, o.a. de architect van "Ground Zero". Met 160 kunstwerken bevat dit museum de wereldwijd grootste verzameling van Felix Nussbaums werken.
Van belang voor het concept der vredesbevordering zijn de vredesgesprekken van Osnabrück. Sinds 1986 komen internationaal bekende personen uit de wetenschap, cultuur en politiek naar de vredesgesprekken van Osnabrück die jaarlijks op 25 oktober, de dag van de Vrede van Osnabrück, plaatsvinden.
In oktober van het jaar 2000 werd door de Bondsrepubliek de "Duitse stichting voor vredesonderzoek" met de zetel in de historische Ledenhof opgericht. Deze stichting ondersteunt projecten die onderzoek doen naar vrede en conflictsitu-

ka-Festival, die interkulturellen Wochen »inter.kult« oder die seit 1998 in regelmäßigen Abständen stattfindende »Konferenz junger Menschen in Europa« setzen Friedenszeichen weit über die Grenzen Osnabrücks hinaus.

Osnabrück heute

Osnabrück liegt in einer Bilderbuchlandschaft – mitten im Naturpark TERRA.vita, der den nördlichen Teutoburger Wald und Teile des Wiehengebirges umfasst. Seine Ausläufer reichen bis ins Stadtgebiet hinein. »Grüne Finger«, wie die Osnabrücker sagen, ermöglichen ein Wohnen nahe der Natur. Mit ihren rund 163.000 Einwohnern ist Osnabrück die drittgrößte Stadt Niedersachsens und spielt eine bedeutende Rolle als Bischofs-, Universitäts- und Industriestadt. Osnabrück ist eine wichtige Drehscheibe im europäischen Binnenmarkt, davon profitiert die Stadt als Wirtschaftsstandort (v.a. Metallverarbeitung, Verkehrsgewerbe, Kupferverarbeitung und Papierindustrie). Hier kreuzen sich die Verkehrsachsen Amsterdam–Berlin und Rhein/Ruhrgebiet–Hamburg.
Trotz seiner Wirtschaftskraft bleibt Osnabrück eher überschaubar und beständig. Hier dürften auch Gründe dafür lie-

Osnabrück today

Osnabrück lies in a picture-book landscape – in the middle of the TERRA.vita nature park, which includes the northern tip of the Teutoburger Wald and parts of the Wiehengebirge. The foothills of the latter reach into the city. These "green fingers", as the people of Osnabrück say, make it possible to live next to nature. With 163,000 inhabitants Osnabrück is the third-largest city in Lower Saxony and plays an important role as the seat of a bishop, a university town and an industrial centre. Osnabrück forms a major hub within the European market and the city benefits from this as a business location (especially for the transport industry, metal processing and paper manufacture). It lies at the intersection of major transport routes between Amsterdam and Berlin and the Rhine/Ruhr regions and Hamburg.
In spite of its economic strength Osnabrück remains a small city in which it is still possible to keep track of everything. This might explain why, according to a study carried out in 2003, Germany's most contented people live in Osnabrück and this is still the case today. The birth rate in 2007 was four times higher here than the national average, which may be taken as evidence in support of this fact.

la « Conférence des jeunes gens d'Europe », qui a lieu depuis 1998 à intervalles réguliers, envoient des messages pacifistes bien au-delà des limites d'Osnabrück.

Osnabrück aujourd'hui

Osnabrück est située dans un paysage de livre d'images – au milieu du parc naturel TERRA.vita, qui englobe le nord de la forêt de Teutoburg et une partie du massif de Wiehen, dont les contreforts se prolongent jusqu'aux abords de la ville. Ces « doigts verts », disent les habitants,permettent d'habiter près de la nature.
Avec ses 163 000 hab. environ, Osnabrück est la 3ème plus grande ville de Basse-Saxe et joue un rôle important comme ville épiscopale, universitaire et industrielle. Osnabrück est une importante plaque tournante dans le commerce intérieur Européen, dont profite la ville en tant que site économique (principalement usinage des métaux et du cuivre, transports et industrie du papier). Ici se croisent les axes de circulation Amsterdam-Berlin et Rhin/Ruhr-Hambourg.
Malgré sa capacité économique, Osnabrück reste plutôt constante et de taille humaine. Peut-être est-ce une raison pour laquelle – selon une étude de 2003 – les

aties en levert hiermee een bijdrage aan een politiek actieve vredesbeweging.
Niet alle projecten die een actieve rol in de vredesgedachte van Osnabrück spelen, kunnen hier genoemd worden. Het Afrikafestival, de interculturele weken "inter.kult" of de sinds 1998 regelmatig georganiseerde "conferentie van jonge mensen in Europa" zenden vredesboodschappen uit tot ver over de grens van Osnabrück.

Osnabrück tegenwoordig

Osnabrück is prachtig gelegen, midden in het natuurpark TERRA.vita, dat onder meer het Teutoburgse woud en het Wiehengebergte omvat. De door de Osnabrückers "groene vingers" genoemde uitlopers van dit park reiken tot in de stad en maken het wonen nabij de natuur mogelijk. De stad is met rond 163.000 inwoners de op twee na grootste stad van Nedersaksen en speelt als bisschopszetel, universiteits- en industriestad een belangrijke rol.
Op economisch gebied profiteert Osnabrück van de centrale ligging voor de Europese binnenmarkt. Vooral de metaal- en koperverwerkende industrie, het verkeerswezen en de papierindustrie hebben hier baat bij. In het verkeersknooppunt Osnabrück kruisen zich de ver-

gen, dass – laut einer Studie von 2003 – Deutschlands zufriedenste Menschen in Osnabrück leben. Daran scheint sich bis heute nichts geändert zu haben. Dass hier die Geburtenrate im Jahr 2007 viermal höher lag als im Bundesdurchschnitt, mag als Beweis dienen.
In Osnabrück lässt man sich immer etwas Neues einfallen. »Herrlich ehrlich – Willkommen im Weltstädtchen« lautet das neueste Motto der Stadt, das mit ihrer Überschaubarkeit kokettiert. Schließlich gilt es, sich immer wieder in der Konkurrenz der Städte als Kultur- und Wirtschaftsstandort voneinander zu unterscheiden. Osnabrück hat also genauso viel zu bieten wie Weltstädte – nur etwas kleiner. So wurde das Osnabrücker Theater zum Scalalein, das Rathaus zum Capitölchen, die Einkaufsmeile zum Kurfürstendammchen, die Hase zum Canale Grandchen, der Osnabrücker Petersdom zum Petersdömchen und das Heger Tor zum Brandenburger Törchen.
Der Kritik, die gelegentlich an der »ehrlichen« Selbstauskunft aufkam, konnte man gelassen entgegnen: »Nur wer selbstbewusst ist, kann auch über sich schmunzeln.«
Eine Stadt, die so viel zu bieten hat wie das herrliche Osnabrück, ist eine Reise wert – ehrlich.

Osnabrück comes up with new ideas all the time. Its latest motto is: "Wonderfully honest – Welcome to the small Cosmopolitan City", a play upon its size. When in competition with other cities, it is necessary to offer a different approach as a location for culture, business and commerce. Osnabrück has as much to offer as many much larger cities – just on a smaller scale.
Thus, Osnabrück's theatre has become the "Scalalein", the town hall the "Capitölchen", the main shopping street the "Kurfürstendammchen", the River Hase the "Canale Grandchen", St. Peter's Cathedral the "Petersdömchen" and the Heger Tor (gate) the "Brandenburger Törchen" (-lein/-chen = little). Occasional criticism of its "honest" self-awareness is calmly countered: "Only the self-confident can smile at themselves." A city which has as much to offer as beautiful Osnabrück is well worth a visit – honest.

gens les plus satisfaits d'Allemagne vivent à Osnabrück. Et rien à cela ne semble avoir changé jusqu'à maintenant. Le taux de natalité quatre fois plus élevé ici en 2007 que dans la moyenne fédérale peut en être une preuve.
A Osnabrück on trouve toujours de nouvelles idées. « Herrlich ehrlich (en toute sincérité) – bienvenue dans la petite métropole », c'est la plus récente devise de la ville, qui joue avec la taille humaine de la ville. En définitive il s'agit de toujours se distinguer les unes des autres dans la concurrence des villes comme site culturel et économique. Osnabrück a donc tout autant à offrir que les métropoles – seulement en un peu plus petit. Ainsi le théâtre est devenu la petite Scala, l'hôtel de ville le petit Capitole, l'avenue commerçante le petit Kurfürstendamm, la Hase le petit Grand Canal, la cathédrale St Pierre la petite Basilique St Pierre et la porte Heger la petite porte de Brandenbourg.
A l'occasionnelle critique sur la « sincérité » d'informations données sur soi-même, on pouvait rétorquer sans s'émouvoir : « Seul celui qui est conscient de sa valeur, peut aussi sourire complaisamment sur lui-même ».
Une ville, qui a tant à offrir que la magnifique Osnabrück, mérite un voyage – sincèrement.

keersverbindingen van Amsterdam naar Berlijn en van het Rijn-Roergebied naar Hamburg.
Dat Osnabrück, ondanks de ecomomische bloei, overzichtelijk en bestendig gebleven is, blijkt uit het feit, dat volgens een in 2003 gehouden enquete, de meest tevreden burgers van Duitsland in Osnabrück wonen. Dat daar niet veel aan veranderd is blijkt wel uit het aantal geboortes, dat in 2007 vier keer boven het gemiddelde van Duitsland lag.
Om zich als cultuur- en economisch centrum van de andere steden te onderscheiden, verzint men steeds iets nieuws. Onder het motto "Heerlijk eerlijk – welkom in het wereldstadje" koketteert Osnabrück met de overzichtelijkheid. Osnabrück heeft evenveel te bieden als een wereldsteden, is alleen ietsje kleiner. Zo wordt het theater "Scalaatje", het raadhuis "Capitooltje", het winkelcentrum "Kurfürstendammetje", de Hase "Canale Grandchen", de Petersdom te Osnabrück "Peterdommetje" en de Hedger poort "Brandenburger poortje".
De af en toe geuite kritiek aan dit "eerlijke" zelfbeeld, werd snel onder het motto "Wie zelfbewust is, kan ook over zichzelf lachen" tegengesproken.
Een stad die zoveel te bieden heeft is altijd een bezoekje waard – eerlijk.

Blick über die Altstadt: Links vorn der Dom und die bischöfliche Kanzlei – heute Sitz des Generalvikars (Bildmitte), weiter hinten der Markt mit Rathaus und Marienkirche (rechts).

View across the old town: in the foreground the cathedral (left) and the bishops' chancellery (centre), today seat of the vicar-general; further back the market square with the town hall and St. Mary's Church (right).

Vue sur la vieille ville : Devant à gauche la cathédrale et la chancellerie épiscopale – aujourd'hui siège du vicaire général (au centre), plus loin le marché avec l'hôtel de ville et l'église Notre-Dame (à droite).

Gezicht op de binnenstad: met links vooraan de dom, in het midden de bisschops kanselarij, tegenwoordig de zetel van de vicaris-generaal, achterin de marktplaats met het raadhuis en de Marienkerk (rechts).

Osnabrück liegt eingebettet zwischen den sanften Höhen des Wiehengebirges und des Teutoburger Waldes. Wuchtig ragt der Turm der Katharinenkirche über die Dächer der Altstadt.

Osnabrück lies embedded between the rolling hills of the Wiehengebirge and the Teutoburger Wald. The mighty spire of St. Katherine's Church towers over the roofs of the old town.

Osnabrück est nichée entre les sommets arrondis du massif de Wiehen et de la forêt de Teutoburg. Massive, la tour de l'église Ste Catherine domine les toits de la vieille ville.

Osnabrück is omgeven door het heuvelachtige Wiehengebergte en het Teutoburgse woud. Fier steekt de toren van de Catharinakerk boven de daken van de binnenstad uit.

Das Rathaus im spätgotischen Stil wurde 1512 fertiggestellt. Neun Figuren deutscher Kaiser zieren die Fassade. Von der später hinzugefügten Freitreppe wurde 1648 der Westfälische Friede verkündet. Am historischen Marktplatz befindet sich rechts die 1531 erbaute Stadtwaage mit dem markanten Treppengiebel. Ganz rechts vollendet die Marienkirche das historische Ensemble.

The town hall in late gothic style was completed in 1512. Nine figures of German emperors adorn its façade. In 1648 the Peace of Westphalia was proclaimed from the steps – a later addition. The building with a distinctive gabled roof on the right of the old market square dates from 1531 and housed the town's scales. St. Mary's Church completes the historic ensemble.

L'hôtel de ville en gothique flamboyant fut terminé en 1512. Les statues de neuf empereurs allemands ornent la façade. C'est du perron ajouté plus tard que fut proclamé en 1648 le Traité de Westphalie. A droite sur l'historique place du marché la bascule publique de 1531 et son étonnant pignon à redents. Tout à fait à droite l'église Notre-Dame parachève l'ensemble.

Het in laatgotische stijl gebouwde raadhuis, dateert uit 1512. De gevel is versierd met negen beelden van Duitse keizers. Vanaf de later aangebouwde buitentrap werd in 1648 de Vrede van Westfalen verkondigd. Aan de rechter zijde van de historische marktplaats, bevindt zich de uit 1531 daterende stadswaag met een opvallende trapgevel. De Marienkerk, geheel rechts, sluit dit historische ensemble volwaardig af.

Gegenüber vom Rathaus erhebt sich die Marktkirche St. Marien im Zentrum der Stadt. Die gotische Hallenkirche war die Kirche der Kaufleute – im Gegensatz zum bischöflichen Dom. Seit der Reformation ist sie evangelisch, der Dom blieb katholisch. Links: Das Brautportal auf der Südseite der Marienkirche zeigt das Gleichnis von den klugen und den törichten Frauen – hier die klugen.

St. Mary's, the market church, rises above the city centre opposite the town hall. This gothic hall church was the merchants' church – as opposed to the diocesan cathedral. It has been Protestant since the Reformation, whereas the cathedral remained Catholic. Left: the bridal porch on the south side of St. Mary's shows the parable of the wise and the foolish virgins – here, the wise ones.

En face de l'hôtel de ville se dresse l'église Notre-Dame au centre de la ville. Cette église-halle gothique fut l'église des marchands – en opposition à la cathédrale épiscopale. Depuis la Réforme elle est évangélique, la cathédrale est restée catholique. A gauche : le portail de la mariée sur l'aile sud de l'église Notre-Dame symbolise les femmes sages – ici – et les insensées.

In het centrum van de stad, tegenover het raadhuis, bevindt zich de marktkerk St. Marien. Deze gotische hallenkerk was in tegenstelling tot de bisschopsdom, de kerk voor de kooplieden. Sinds de reformatie is het een evangelische kerk, de dom bleef katholiek. Links: aan de zuidzijde van de Marienkerk, het bruidsportaal met de gelijkenis van de wijze en domme vrouwen, hier afgebeeld: de wijzen.

Nur ein paar Schritte weiter befindet sich der Dom St. Petrus (1254–77), die Kathedralkirche des Bistums Osnabrück. Seine Vorgängerbauten lassen sich bis ins Jahr 785 zurückverfolgen. Der Kreuzgang stammt vermutlich aus karolingischer Zeit.

St. Peter's Cathedral (1254–77) is only a few steps further on. It is the diocesan church of the Osnabrück Bishopric. Its origins can be traced back to the year 785. The cloister is said to date from Carolingian times.

Quelques pas plus loin la cathédrale St Pierre (1254–77), cathédrale de l'évêché d'Osnabrück. On peut retrouver ses antécédents jusqu'en 785. Le chemin de croix date vraisemblablement de l'époque carolingienne.

Iets verderop bevindt zich de kathedraal van het bisdom Osnabrück, de St. Petrus dom (1254–77). De oorsprong van deze dom is tot het jaar 785 terug te vervolgen. De kruisgang dateert vermoedelijk uit de Karolingische tijd.

Pünktlich zum Katholikentag 2008 und im 90. Jahr seines Bestehens ist das Diözesanmuseum Osnabrück in neue Räume im Südflügel des Dom-Kreuzganges eingezogen. Eng verzahnt ist es mit dem Forum am Dom, dem neuen Begegnungs- und Informationszentrum des Bistums Osnabrück. (links unten) Das Kapitelskreuz aus dem frühen 11. Jahrhundert – hier im Kreuzgang – ist das bedeutendste Stück im Osnabrücker Domschatz. (rechts)

Just in time for the 2008 "Katholikentag" (annual assembly of Catholics) and its 90th anniversary, the Diocesan Museum has moved to a new location in the south wing of the cathedral cloister. It is closely linked to the "Forum am Dom", Osnabrück Bishopric's new meeting and information centre (lower left). The early 11th century chapter cross, seen here in the cloister, is the cathedral's most cherished treasure. (right)

Le musée du diocèse d'Osnabrück – dans sa 90ème année – a emménagé, juste pour le congrès 2008 des Catholiques, dans de nouveaux espaces de l'aile sud du chemin de croix de la cathédrale. Il est relié au Forum, nouveau centre d'information et de rencontre de l'évêché d'Osnabrück (en bas à gauche). La croix du chapitre du début du 11ème s. – ici dans le chemin de croix – est l'élément le plus important du trésor de la cathédrale d'Osnabrück (à droite).

Precies op tijd voor de katholiekendagen in 2008 en in haar 90- jarig bestaan heeft het diocesaanmuseum Osnabrück nieuwe ruimtes in de zuidvleugel van de domkruisgang betrokken. Het is nauw verbonden met het forum bij de dom, het nieuwe ontmoetings-en informatiecentrum van het bisdom Osnabrück. (links onder) Het kapittelkruis uit de vroege elfde eeuw – hier in de kruisgang – is het belangrijkste stuk van de domschat van Osnabrück. (rechts)

1836 wurde das Denkmal feierlich enthüllt: Die Statue von Christian Daniel Rauch erinnert an Justus Möser, Osnabrücks großen Staatsmann, Literaten und Historiker (1720–94). Im Hintergrund das Bischofshaus.

This memorial was unveiled in 1836. The statue by Christian Daniel Rauch commemorates Justus Möser, Osnabrück's great statesman, writer and historian (1720–94). In the background the bishop's house.

Ce monument fut solennellement dévoilé en 1836 : la statue de Christian Daniel Rauch évoque Justus Möser, grand homme d'Etat, homme de lettres et historien d'Osnabrück (1720–94). En arrière-plan l'évêché.

In 1836 werd het door Christian Daniel Rauch ontworpen standbeeld als eerbetoon aan de Osnabrücker Justus Möser, de beroemde staatsman, literator en historicus (1720–94), feestelijk onthuld. Op de achtergrond het huis van de bisschop.

Markt auf der Großen Domsfreiheit vor der Westfassade der Bischöflichen Kanzlei. Der klassizistische Bau wurde 1783–85 errichtet. Der Name Große Domsfreiheit erinnert an die Immunität des bischöflichen Hofes.

Market day on the Große Domsfreiheit, the precinct in front of the west façade of the bishop's chancellery. This classicistic building was erected between 1783 and 1785. The name, highlighting the cathedral's "Great Freedom", refers to the immunity of the diocesan court.

Marché devant la façade de la Chancellerie Episcopale, construction néo-classique de 1783–85, sur le « Große Domsfreiheit » dont le nom rappelle l'immunité de la maison épiscopale.

Een markt op de "grote Domsvrijheid" voor de westgevel van de bisschops kanselarij. De in classicistische stijl gebouwde kanselarij ontstond tussen 1783 en 1785. De naam "grote Domsvrijheid" herinnert aan de immuniteit van het bisschoppelijke hof.

Die ersten
PREMIEREN
17. August Stadttheater
Theaterfest
1. Sinfonie-
konzert
King Kongs
Töchter
Theresia Walser
I Hired a Con-
tract Killer
Aki Kaurismäki
Carmen
Georges Bizet
Zwerg Nase
Dieter Malzacher
4. Oktober Stadttheater
Geregelt? Die
zehn Gebote
Gregor Zöllig und
2 Gastchoreographen
Eine Nacht in
Venedig
Johann Strauß

Die »Waschfrau« von Hans Gerd Ruwe

Links:
Eine Augenweide für Freunde des Jugendstils ist das Osnabrücker Stadttheater, 1907–09 errichtet von Friedrich Lehmann. Das künstlerische Spektrum umfasst Oper, Operette, Musical, Tanz, Schauspiel, Kinder- und Jugendtheater sowie Konzerte.

The “Washerwoman” created by Hans Gerd Ruwe.

Left:
A joy for the eyes of Art Nouveau lovers: the Osnabrück Theatre, built between 1907 and 1909 by Friedrich Lehmann. The range of events includes opera, operetta, musicals, dance, plays, children and youth theatre, as well as concerts.

La « laveuse » de Hans Gerd Ruwe.

A gauche :
Un régal pour les yeux des amateurs de style 1900 : le théâtre d’Osnabrück, construit en 1907–1909 par Friedrich Lehmann. Opéra, opérette, comédie musicale, danse, spectacle, théâtre pour enfants et pour la jeunesse ainsi que concerts composent ce spectre artistique.

De “wasvrouw” ontworpen door Hans Gerd Ruwe.

Links:
Een blikvanger voor liefhebbers van “Art Nouveau” is het door Friedrich Lehmann tussen 1907 en 1909 gebouwde stadtheater van Osnabrück. Het culturele programme biedt o. a. een opera, een operette, een musical, dans, toneelspel, kinder- en jeugdtheater en tevens concerten.

Blick auf die Gertrudenkirche aus dem 13. Jahrhundert auf dem Gertrudenberg. An der Nordseite wurde im 19. Jahrhundert der Bürgerpark angelegt.

View of St. Gertrude's Church, on Gertrudenberg, dating from the 13th century. The Bürgerpark, a public park, was laid out on the northern flank in the 19th century.

L'église Ste Gertrude du 13ème s. sur le mont Gertrude. Côté nord fut aménagé au 19ème siècle le Bürgerpark.

Blik op de boven op de Geertruidaberg staande Geertruidakerk, daterend uit de 13de eeuw. Aan de noordzijde werd in de 19de eeuw een burgerpark aangelegd.

Vom Herrenteichswall aus sicht man am gegenüberliegenden Ufer der Hase bei den Domgärten ein erhaltenes Teilstück der Hellingsmauer mit Wehrturm. Sie wurde als Teil der Stadtbefestigung von 1180 bis1250 errichtet und Anfang der 1980er Jahre restauriert.

From Herrenteichswall, the remains of the Hellingsmauer (wall) with a defensive tower can be seen on the opposite bank of the River Hase near to the cathedral gardens. The wall was built as part of the town's fortifications between 1180 and 1250 and restored at the beginning of the 1980s.

Depuis le Herrenteichswall on aperçoit sur la rive opposée de la Hase dans les jardins de la cathédrale des restes du mur d'enceinte avec un donjon. Erigé de 1180 à 1250 et restauré au début des années 1980, il faisait partie des fortifications de la ville.

Vanaf de Herrenteichwall ziet men aan de overkant op de oever van de Hase het dompark met restanten van de Hellingsmuur en de verdedigingstoren. Deze werden ter bevestiging van de stad tussen 1180 en 1250 gebouwd en in het begin van de jaren 1980 gerestaureerd.

Fachwerkhäuser an der Hase.

Half-timbered houses along the Hase.

Des maisons à colombages au bord de la Hase.

Vakwerkhuizen aan de oever van de Hase.

Die Pernickelmühle. Die Bezeichnung der Wassermühle geht wahrscheinlich auf den Namen »parnekel« zurück, ein Wiesengelände am Ostufer der Hase. Die heutige Pernickelmühle ist Nachfolgerin einer Bischofsmühle, für die man die Hase aufstaute.

Pernickelmühle. The name of this water mill is said to derive from "parnekel", the name by which the meadowlands on the east bank of the Hase were known. Today's mill is a successor to a bishop's mill, whose operation required damming of the river.

Le moulin Pernickel, moulin à eau dont le nom remonte sans doute à « parnekel », un paysage de prairies sur la rive est de la Hase, succède au moulin de l'évêque, pour lequel on retenait les eaux de la Hase.

De Pernickelmolen. De naam van deze watermolen is waarschijnlijk ontleend aan het woord "parnekel", dat de benaming is voor een stukje weiland aan de oostoever van de Hase. De hedendaagse Pernickelmolen is de opvolger van een bisschopsmolen, waarvoor men ooit de Hase opstuwde.

Die Reste der alten Stadtbefestigungsanlagen beeindrucken auch den heutigen Besucher: der »Pernickelturm« an der Hase, der Turm »Bürgergehorsam« und der »Bucksturm« zeugen von einer wehrhaften Vergangenheit.

The remains of the town's early fortifications impress even today's visitors: the "Pernickelturm" by the River Hase, the "Bürgergehorsam" tower and the "Bucksturm" are witness to a fortified past.

Les vestiges des anciennes fortifications impressionnent l'actuel visiteur : la « Pernickelturm » au bord de la Hase, la tour « Bürgergehorsam » et la « Bucksturm » témoignent d'un passé militaire.

Een toeristische trekpleister zijn de restanten van de verdedigingswerken: de "Pernickeltoren" aan de Hase, de toren "Burgergehoorzaam" en de "Buckstoren" getuigen nog steeds van een roemrijk verleden.

Rechts:
Das Heger Tor war nie Teil der Wehranlagen. Es ist vielmehr ein Ehrenmal für die Osnabrücker, die 1815 in der Schlacht bei Waterloo gekämpft haben.

Right:
The Heger Tor (gate) was never part of the fortifications. Rather, it is a memorial to those citizens of Osnabrück who fought in the Battle of Waterloo in 1815.

A droite :
La porte Heger ne faisait pas partie des installations de défense. C'est plutôt un monument pour les habitants qui combattirent à Waterloo en 1815.

Rechts:
De "Heger Poort" maakte geen deel uit van de verdedigingswerken. Het is een monument voor de Osnabrückers die bij de slag van Waterloo (1815) gevochten hebben.

DEN OSNABRÜCKISCHEN KRIEGERN DIE BEI WATERLOO
DEN 18 JUNI 1815 DEUTSCHEN MUTH BEWIESEN
WIDMET DIESES DENKMAL G.F. v. GÜLICH D.R.D.
Gasthof zum Deutschen Haus

Ortsbesichtigung der anderen Art. Osnabrücks Nachtwächter führen Einheimische wie Touristen des Nächtens durch die romantischen Straßen der Altstadt und erzählen ihren Gästen Wissenswertes wie Kurioses aus der Stadtgeschichte.

Rechts: Die Marienstraße im historischen Heger-Tor-Viertel in der Altstadt.

Sightseeing of a different kind. At night, Osnabrück's night-watchmen guide locals and tourists alike through the romantic streets of the old town regaling them with interesting facts as well as strange tales from its history.

Right: Marienstraße in the historic Heger Tor quarter of the old town.

Visite d'un autre style. Les gardiens de nuit d'Osnabrück guident de nuit les natifs comme les touristes par les rues romantiques de la vieille ville et leur racontent les détails intéressants ou curieux de l'histoire de la ville.

A droite : Dans la vieille ville, la rue Marienstr. dans le quartier historique de l'Hegertor.

Een aparte stadsverkenning: de nachtwakers van Osnabrück ontvoeren de toeristen en belangstellende 's-nachts door de romantische steegjes van de binnenstad en vertellen wetenswaardigheden en curiositeiten over de geschiedenis van de stad.

Rechts: de Marienstraat in de historische "Heger-Poort-wijk" in de binnenstad.

Vom Domhof bis zur Großen Straße erstreckt sich Osnabrücks Einkaufsmeile. Die zahlreichen Cafés laden zu einer Pause vom Einkaufsbummel oder beim Flanieren ein.

Osnabrück's main shopping street extends from Domhof to Große Straße. The numerous cafés are an invitation to take a break from shopping or simply to enjoy a rest.

Du Domhof à la Große Str. le quartier commerçant d'Osnabrück, où les nombreux cafés invitent à une halte ceux qui font les magasins ou flânent.

Vanaf het domplein tot aan de grote straat reikt de voetgangerszone,die met zijn talrijke cafés de bezoekers tijdens het inkopen en flaneren uitnodigt tot het maken van een pauze.

Hier findet sich immer ein Plätzchen, um Kaffee und ein Stück Kuchen oder im Sommer ein Eis zu genießen.

Here one can always find a place to sit and enjoy a coffee or a piece of cake or an ice-cream in the summer.

Il y a toujours ici une petite place pour savourer café et gâteau ou en été une glace.

Hier vindt u altijd gelegenheid om van een koek, een stukje taart of gebak of in de zomer van een ijsje te genieten.

Das Romantik-Hotel »Walhalla« in der Bierstraße mit vierfach vorgekragtem Giebel zur Straßenseite wurde 1690 erbaut.

The romantic Walhalla Hotel in Bierstraße with its four-tiered gable facing the street was built in 1690.

Construit en 1690, l'hôtel romantique « Walhalla » dans la rue Bierstr. avec les quatre surplombs du pignon côté rue.

Het romantische hotel "Walhalla" in de Bierstraat met de viervoudige voorgevel aan de straatzijde, dateert uit 1690.

Nur wenige historische Bauten haben die Bombardements im Zweiten Weltkrieg überstanden, wie dieses pittoreske Fachwerkhaus aus dem 17. Jahrhundert am Vitihof.

Only a few historic buildings have survived the bombardments of World War II, such as this picturesque 17th century half-timbered house in Vitihof.

Seuls peu d'édifices historiques ont survécu aux bombardements de la Seconde Guerre Mondiale, comme au Vitihof cette pittoresque maison à colombages du 17ème siècle.

In tegenstelling tot dit uit de 17de eeuw daterende pittoreske vakwerkhuis aan het Vitiplein, hebben vele historische gebouwen de bombardementen tijdens de Tweede Wereldoorlog niet overleefd.

Blick in die Krahnstraße.

A scene in Krahnstraße.

Coup d'œil dans la rue Krahnstr.

Een blik in de Krahnstraße (Kraanstraat).

In der Krahnstraße steht dieses Fachwerkhaus, das um 1916 von einem Osnabrücker Kaufmann umgebaut wurde. Der Giebel zeigt u.a. den deutschen Reichskanzler von Bismarck und die vier Elemente Feuer, Wasser, Luft und Erde.

This half-timbered house in Krahnstraße was restored by an Osnabrück merchant in 1916. The gable shows the German Chancellor von Bismarck and the four elements of fire, water, air and earth.

Dans la Krahnstr. se trouve cette maison à colombages, transformée vers 1916 par un marchand d'Osnabrück. Le fronton montre entre autres le chancelier du Reich allemand von Bismarck et les quatre éléments, le feu, l'eau, l'air et la terre.

In de Krahnstraße bevindt zich dit vakwerkhuis, dat omstreeks 1916 door een Osnabrückse koopman verbouwd werd. De gevel is o.a. versierd met de Duitse rijkskanselier van Bismarck en de vier elementen vuur, water, lucht en aarde.

Stammhaus Café Leysieffer in der Krahnstraße. Der Name der Straße erinnert an die Kräne, mit deren Hilfe die Kaufleute früher ihre Waren im obersten Stockwerk einlagerten.

Café Leysieffer in Krahnstraße. The name of the street recalls the cranes used by merchants in earlier times to lift goods for storage to the uppermost floor in a building.

La maison-mère du café Leysieffer dans la Krahnstr., dont le nom évoque les grues à l'aide desquelles les marchands autrefois entreposaient leurs marchandises au dernier étage.

Het stamhuis café Leysieffer in de Krahnstraße. De naam van de straat is ontleend aan de kranen, die ervoor zorgden, dat de koopmannen hun waren op de bovenste verdieping konden opslaan.

In der Hakenstraße Nr. 4a, wo sich heute das bayerische Restaurant »Alte Posthalterei« befindet, war seit Anfang des 18. Jahrhunderts die gräflich von Platen'sche Postverwaltung untergebracht.

No. 4a Hakenstraße, which is today the "Alte Posthalterei" Bavarian Restaurant, housed the postal services of the Counts von Platen for a time from the beginning of the 18th century.

Le n° 4a de la Hakenstraße, où se trouve aujourd'hui le restaurant bavarois « Le vieux relais de poste », abritait depuis le début du 18ème s. l'administration de la poste du Comte von Platen.

De Hakenstraße 4a, waar tegenwoordig het Beierse restaurant de "Alte Posthalterei" ondergebracht is, bood sinds het begin van de 18de eeuw onderdak aan het postbureau van de graaf van Platen.

Die Katharinenkirche ist eine gotische Hallenkirche aus dem 14. Jahrhundert mit dem höchsten mittelalterlichen Turm Niedersachsens (103,5 Meter). Die Innenausstattung stammt überwiegend aus dem 20. Jahrhundert. Im Vordergrund die »Solara«, eine Installation der Schweizer Künstlerin Claire Ochsner, die 1999 zwischen Schloss und Stadthalle aufgestellt wurde.

St. Katherine's Church is a 14th century gothic hall church with the tallest medieval tower in Lower Saxony (103.5 m). The interior dates mainly from the 20th century. In the foreground the "Solara", an installation by the Swiss artist Claire Ochsner set up between the castle and the town hall in 1999.

L'église Ste Catherine est une église-halle gothique du 14ème s. avec la plus haute tour médiévale de Basse-Saxe (103,5m). L'aménagement intérieur date principalement du 20ème s. Au premier-plan la « Solara », une structure de l'artiste Suisse Claire Ochsner, installée en 1999 entre château et grande halle municipale.

De Catharinakerk met de hoogste middeleeuwse toren van Nedersaksen (103,5 m.) is een gotische hallenkerk, daterend uit de 14de eeuw. Het interieur dateert voornamelijk uit de 20ste eeuw. Vooraan de "Solara", een in 1999 tussen het kasteel en de stadzaal opgezette installatie van de Zwitserse kunstenares Claire Ochsner.

Der Ledenhof liegt direkt gegenüber dem Schloss. Er ist das bedeutendste bürgerliche Bauwerk der Stadt und war vom 16. bis zum 19. Jahrhundert im Besitz der Familie Leden (heute Musikbibliothek und Sitz des Literaturbüros Westniedersachsen). Der Treppenturm mit Spindeltreppe stammt von 1588, die markante Bemalung ist historisch verbürgt.

The Ledenhof mansion located opposite the castle was owned by the Leden family from the 16th to the 19th century and is Osnabrück's most significant town house. Today it is the music library and seat of western Lower Saxony's literati. The tower with its spiral staircase dates from 1588; the external paintwork is in the original style.

Juste en face du château, le Ledenhof est le plus important édifice bourgeois de la ville, propriété de la famille Leden du 16ème au 19ème s. (aujourd'hui bibliothèque de musique et siège du bureau de littérature de Basse-Saxe). La tour enfermant l'escalier tournant date de 1588, son étonnante peinture est authentique.

Tegenover het kasteel ligt het Ledenhof, het belangrijkste particuliere gebouw van de stad. Dit was van de 16de tot 19de eeuw in het bezit van de familie Leden. Tegenwoordig biedt het onderdak aan een bibliotheek voor muziek en het Westnedersaksische Literatuurbureau. De toren dateert uit 1588 en de markante schilderingen zijn authentiek.

Fürstbischof Ernst August I. von Braunschweig-Lüneburg und seine Gattin Sophie von der Pfalz ließen 1668–1675 das repräsentative Osnabrücker Schloss errichten.
Im Bild das Torhaus.

Prince-Bishop Ernst August I of Braunschweig-Lüneburg and his wife Sophie von der Pfalz commissioned Osnabrück's striking castle, built between 1668 and 1675.
The photo shows the gatehouse.

Le Prince-Evêque Ernest Auguste 1er de Braunschweig-Lunebourg et son épouse Sophie du Palatinat firent bâtir de 1668 à 1675 le très représentatif château d'Osnabrück.
Sur la photo la porte-cochère.

Het representatieve kasteel te Osnabrück werd door de bisschop van het vorstendom Braunschweig-Lüneburg, Ernst August I en zijn vrouw Sophie van de Palts gebouwd (1668–1675).
Op de foto het "Torhuis".

Das fürstbischöfliche Schloss ist eines der frühesten Barockschlösser in Deutschland. Im Zweiten Weltkrieg ausgebrannt, wurde es als modernes Gebäude in historischer Fassade wieder aufgebaut. Es beherbergt heute die Verwaltung der Universität.

The Prince-Bishop's castle is one of the earliest baroque castles in Germany. It was destroyed by fire in World War II and later restored as a modern structure retaining a historic façade. Today it is the university's administration building.

Le château du Prince-Evêque, l'un des premiers châteaux baroques d'Allemagne, brûla pendant la Seconde Guerre Mondiale et fut reconstruit de façon moderne derrière une façade historique. Il abrite aujourd'hui l'administration de l'université.

Dit bisschoppelijke kasteel, tevens één van de oudste barokkastelen van Duitsland, werd na een vernietigende brand tijdens de Tweede Wereldoorlog herbouwd als een modern gebouw binnen de oorspronkelijke facade. Tegenwoordig biedt het onderdak aan het bestuur van de universiteit.

Für die Anlage des Barockgartens zeichnete Sophie von der Pfalz verantwortlich, eine gebildete und kunstsinnige Frau, die nur wenig später den Großen Barockgarten in Hannover-Herrenhausen anlegen ließ. Heute erholen sich hier die Studenten vom Uni-Alltag.

Sophie von der Pfalz, a cultured and artistic lady, was responsible for creating the baroque garden. She also commissioned the design of the baroque Great Garden of Herrenhausen in Hanover. Today students relax here.

Sophie du Palatinat, femme cultivée et de goût, eut la responsabilité des plans du Jardin Baroque et fit un peu plus tard aménager le Grand jardin Baroque d'Hanovre-Herrenhausen. C'est ici que les étudiants se reposent maintenant du quotidien de l'université.

Verantwoordelijk voor de aanleg van het barokke park was de intelligente en kunstzinnige Sophie van de Palts, die later ook het barokke park in Hannover-Herrenhausen aanlegde. Nu dient het als recreatie- en ontspanningsgebied van de studenten.

Der »Ständebrunnen« an der Johanneskirche von Bonifatius Stirnberg. Die beweglichen Figuren auf dem Brunnen symbolisieren die einstmals privilegierten Stände des Fürstbistums Osnabrück (Bürgertum, Ritterschaft, Domkapitel). Fürstbischof und Domherr stehen für den geistlichen, Ritter und Ratsherr für den weltlichen und die Bäuerin für den rechtlosen Stand.

The "Ständebrunnen" at Bonifatius Stirnberg's St. John's Church. The moveable figures on the fountain symbolise the formerly privileged classes of the Prince-Bishopric of Osnabrück (middle-class, knights, cathedral chapter). The Prince-Bishop and canon represent the clergy, the knight and councillor the laymen; the farmer's wife, those without rights.

Près de l'église St Jean, la « fontaine des classes » de Bonifatius Stirnberg. Les personnages animés de la fontaine symbolisent les classes jadis privilégiées de l'Evêché-Principauté d'Osnabrück (bourgeoisie, chevalerie, chapitre de la cathédrale). Prince-Evêque et chanoine représentent le clergé, chevalier et membre du conseil l'état séculier et la paysanne le tiers-état.

De "Ständebrunnen" bij de Johanneskerk van Bonifatius Stirnberg. De bewegende figuren symboliseren de voormalig geprivilegeerde standen (volk, ridders en domkapittel) van het vorstendom Osnabrück. De bisschop en de domheer staan voor het geestelijk-, de ridders en de raadsheer voor het wereldlijk gezag, de boerin symboliseert de rechtelozen.

Die Neustadt entstand ab 1011 rund um die Johanneskirche, eine frühgotische Hallenkirche (1256–1292). Sehenswert ist der Kreuzgang, das Sakramentshaus aus Sandstein (1440) und die Sakristei mit vier Gewölbefeldern um einen Mittelpfeiler (14. Jh.).

The new town developed from about 1011 around St. John's Church, an early gothic hall church (1256–1292). The cloister, the sandstone tabernacle (1440) and the four-vaulted sacristy with central pillar (14th century) are worth seeing.

La Ville Nouvelle prit naissance dès 1011 autour de l'église St Jean, église-halle en gothique primitif (1256–1292) avec son remarquable chemin de croix, le tabernacle de grès (1440) et la sacristie aux quatre champs de voûte autour d'un pilier central (14ème s.).

Rond om de Johanneskerk, een in vroeggotische stijl gebouwde hallenkerk (1256–1292), ontstond vanaf 1011 de "Neustadt". Bezienswaardig is de kruisgang, het van zandsteen gebouwde sacramentshuis (1440) en de sacristie met vier gewelvenvlaktes rond om de middelste zuil (14de eeuw).

Steinwerke unterscheiden sich stark von den sonst so typischen Fachwerkhäusern in Osnabrück. Diese aus Bruchstein errichteten Gebäude aus dem 13. Jh. hatten vornehmlich eine Wehr- und Schutzfunktion. Bei Gefahr zogen sich die Bewohner in das hoch liegende Erdgeschoss zurück. Die übrigen Geschosse dienten als dauernde Speicherräume, da sie im Fall eines Brandes besseren Schutz boten als Fachwerkhäuser.

Stone buildings are in stark contrast to Osnabrück's otherwise typical half-timbered houses. These 13th century buildings made of quarried stone were designed to serve a mainly defensive and protective function. In times of danger the occupants retreated to the high-level ground floor. The other floors were for storage and in case of fire they offered better protection than did the half-timbered houses.

Des ouvrages en pierre de taille du 13ème s. se distinguent des si typiques maisons à colombages. Ils avaient avant tout une fonction de défense et de protection. En cas de danger les habitants se retiraient dans le rez-de-chaussée surélevé. Les autres étages offrant en cas d'incendie une meilleure protection que les maisons à colombages, servaient d'entrepôts permanents.

De steenwerken onderscheiden zich sterk van de typische vakwerkhuizen in Osnabrück. Deze van hardsteen gemaakte huizen uit de 13de eeuw hadden voornamelijk een verdedigings- en beschermingsfunctie. Als er gevaar dreigde trokken de bewoners zich in de 1^{e} etage terug, de overige etages dienden als voorraadkamers, want deze waren beter tegen brand beschut, dan de vakwerkhuizen.

In der ehemaligen Dominikanerkirche aus dem 12./13. Jh. werden zeitgenössische Kunstausstellungen gezeigt. Die gotische Halle bietet unterschiedlichsten Projekten Raum, darunter Skulpturen, Installationen und Objekten der Gegenwartskunst mit aktuellen künstlerischen Positionen, die im historischen Gemäuer kontrastreich zur Geltung kommen.

Contemporary art exhibitions are held in the former Dominican church dating from the 12th/13th centuries. The gothic hall has room for a wide range of different projects, such as sculptures, installations and objects representative of trends in contemporary art which are in stark contrast with their historic surroundings.

L'ancienne église dominicaine du 12/13ème s. abrite des expositions d'art contemporain. La halle gothique offre de l'espace aux projets les plus divers, parmi lesquels sculptures, structures et objets d'art contemporain, qui contrastent dans cet environnement historique.

In de voormalige Dominicanerkerk, daterend uit de twaalfde en dertiende eeuw worden actuele kunstexposities getoond. De gotische zaal biedt onderdak aan verschillende projecten, o.a. sculpturen, inrichtingen en objecten der hedendaagse kunst met actuele kunstenaarsposities, die in contrast tot de historische omgeving tot gelding komen.

Eines der alten Bürgerhäuser am Markt Nr. 6 beherbergt das Erich Maria Remarque-Friedenszentrum. In seinen Romanen ging es dem Schriftsteller um die Freiheit und die Würde des einzelnen Menschen. Ein Zitat aus dem Jahr 1962 fasst seine Maxime zusammen: »Mein Thema ist der Mensch dieses Jahrhunderts, die Frage der Humanität.«

No. 6 Markt, one of the old residences which now houses the Erich Maria Remarque Peace Centre. In his novels the writer dealt with the freedom and dignity of man. A quotation from 1962 sums up his beliefs: "My topic is the human being of this century, the question of humanity."

L'une des plus vieilles maisons bourgeoises (n°6 am Markt) abrite le Centre de la paix Erich Maria Remarque. L'écrivain traite dans ses romans de la liberté et la dignité de l'individu. Une citation de 1962 résume sa maxime : « Mon sujet, c'est l'homme de ce siècle, le problème de l'humanité ».

In één van de oudste burgerhuizen, aan de Markt nr. 6, bevindt zich het vredescentrum van Erich Maria Remarque. Zijn romans thematiseren de vrijheid en de waarde van de mens. Een citaat uit 1962 geeft zijn levensopvatting beknopt samen: "Mijn thema is de mens van deze eeuw, de vraag naar humanisme".

Außergewöhnliche Architektur für einen außergewöhnlichen Maler: Das Felix Nussbaum-Haus des Architekten Daniel Libeskind zeigt die weltweit größte Sammlung des in Auschwitz ermordeten Künstlers Felix Nussbaum.

Extraordinary architecture for an extraordinary painter: the Felix Nussbaum House, designed by the architect Daniel Libeskind, has the world's largest collection of the works of Felix Nussbaum, who was murdered in Auschwitz.

Architecture extraordinaire pour un peintre extraordinaire : La Maison Felix Nussbaum de l'architecte Daniel Libeskind présente la plus grande collection au monde de l'artiste mort à Auschwitz, Felix Nussbaum.

Een buitengewone architectuur voor een buitengewone schilder: het Felix Nussbaumhuis, ontworpen door de architect Daniel Libeskind, toont de wereldwijd grootste verzameling van de in Auschwitz vermoorde kunstenaar Felix Nussbaum.

Was vor 70 Jahren als bescheidener Heimtiergarten begann, hat sich heute zu einem Besuchermagneten für Groß und Klein entwickelt. Im Zoo Osnabrück leben rund 2400 Tiere aus 278 Arten.

What began 70 years ago as a modest domestic animal garden has developed into a magnet for visitors of all ages. Osnabrück Zoo has 2400 animals representative of 278 species.

Le modeste jardin d'acclimatation d'il y a 70 ans est devenu aujourd'hui un attrait pour petits et grands. Dans le zoo d'Osnabrück vivent 2400 animaux de 278 espèces.

Wat 70 jaar geleden als een klein dierenparkje begon, is inmiddels uitgegroeid tot een toeristische trekpleister voor jong en oud. De dierentuin van Osnabrück bezit 278 diersoorten met in het totaal 2400 dieren.

Das Kulturgeschichtliche Museum, 1889 im neoklassizistischen Stil erbaut, zeigt Exponate aus der Vor- und Frühgeschichte der Region sowie zur Geschichte des Bistums und der Stadt Osnabrück.

The Museum of Cultural History built in 1889 in neo-classical style has exhibits from the region's prehistoric and early historic periods as well as from the history of the bishopric and the town of Osnabrück.

Le Musée d'Histoire de la civilisation, construit en 1889 de style néo-classique, expose des objets de la pré- et protohistoire de la région ou se rapportant à l'histoire de l'évêché et de la ville d'Osnabrück.

Het 1889 in neoklassieke stijl gebouwde museum voor cultuur en geschiedenis, toont zowel kunstwerken uit de regionale voorgeschiedenis als ook van de geschiedenis van het bisdom en van de stad Osnabrück.

Knotenpunkt für den Nah- und Fernverkehr: Der Zentralbahnhof wurde 1895 errichtet. Von zwei Ebenen können sich Reisende in die vier Himmelsrichtungen begeben. Unten verläuft von West nach Ost die Strecke Amsterdam–Berlin, oben gelangt man von Nordosten nach Südwesten auf die Paris-Hamburger-Bahnstrecke.

An intersection of local and long-distance rail routes: the central station was built in 1895. From two levels travellers can head off to all points of the compass. On the lower level trains run west-east between Amsterdam and Berlin, and on the upper level northeast-southwest on the Paris-Hamburg line.

Nœud du trafic régional et des grandes lignes, la gare centrale fut construite en 1895. De deux niveaux, les voyageurs peuvent partir vers les quatre points cardinaux. En bas passe d'ouest en est la ligne Amsterdam-Berlin, en haut du nord-est au sud-ouest la ligne Paris-Hambourg.

Het in 1895 gebouwde Centraalstation is het knooppunt voor de regionale en internationale treinverbindingen. Vanaf twee niveaus kunnen de reizigers naar alle hemelsstreken. Onder verloopt de west-oostverbinding van Amsterdam naar Berlijn, boven de noord-oost-zuidwestverbinding van Parijs naar Hamburg .

Ausgedehnte Tiefebenen und ursprüngliche Bauernlandschaften sind typisch für das Osnabrücker Land.

Expansive lowlands and long-established farm landscapes are typical for the Osnabrück region.

De vastes plaines basses et des paysages agricoles ancestraux sont typiques de la région d'Osnabrück.

Typerend voor het Osnabrücker land zijn de enorme laagvlaktes en de oorspronkelijke boerenlandschappen.

EISERNER ZIERNAGE
2215 EISERNER ZIERNA

Die markanten Höhenzüge des Teutoburger Waldes und des Wiehengebirges prägen das Landschaftsbild um Osnabrück. Zusammen bilden sie einen der größten Naturparks Deutschlands, den UNESCO-Naturpark TERRA.vita.

The impressive hills of the Teutoburger Wald and Wiehengebirge characterise the landscape around Osnabrück. Together they form one of Germany's largest nature parks, the UNESCO-Naturpark TERRA.vita.

Les spectaculaires chaînes de collines de la forêt de Teutoburg et du massif de Wiehen marquent le paysage autour d'Osnabrück. Ensemble ils forment l'un des plus grands parcs naturels d'Allemagne, le TERRA.vita, reconnu par l'UNESCO.

De markante heuvels van het Teutoburgse woud en van het Wiehengebergte zijn typerend voor het landschapsbeeld rond om Osnabrück. Samen maken ze deel uit van het UNESCO Geopark TERRA.vita, één van de grootste natuurparken in heel Duitsland.

»Quintili Vare, legiones redde!« (Quintilius Varus, gib die Legionen zurück!) soll Kaiser Augustus ausgerufen haben, als er die Nachricht von der Niederlage seines Statthalters in Germanien erhielt. Hier in Kalkriese hat sie stattgefunden, die legendäre Schlacht (9 n. Chr.). Interessierte Besucher erfahren im »Museum und Park Kalkriese« alles Wissenswerte über das historische Ereignis.

"Quintili Vare, legiones redde!" (Quintilius Varus, return the legions!). This is what the Roman Emperor Augustus is said to have cried out when he heard the news of his governor's defeat in Germania. This legendary battle in 9 AD was fought here at Kalkriese. Interested visitors can learn all about this historic event at the "Museum und Park Kalkriese".

« Quintili Vare, legiones redde ! » (Quintilius Varus, rends-moi mes légions !) se serait écrié l'empereur Auguste, en apprenant la défaite de son gouverneur en Germanie. C'est ici à Kalkriese qu'eut lieu la bataille légendaire (en 9 après J.C.). Les visiteurs intéressés apprendront au « Musée et Parc de Kalkriese » tout ce qu'il faut savoir sur cet évènement historique.

"Quintili Vare, legiones redde!" (Quintilius Varus, geef de legioenen terug!) zou de keizer Augustus geroepen hebben, nadat hij van de nederlaag van zijn stadhouder in Germania vernomen had. Hier in Kalkriese heeft deze legendarische slacht (9 n. Chr.) plaatsgevonden. In het "museum en park Kalkriese" ervaren de geïnteresseerde bezoekers alles over deze historische gebeurtenis.